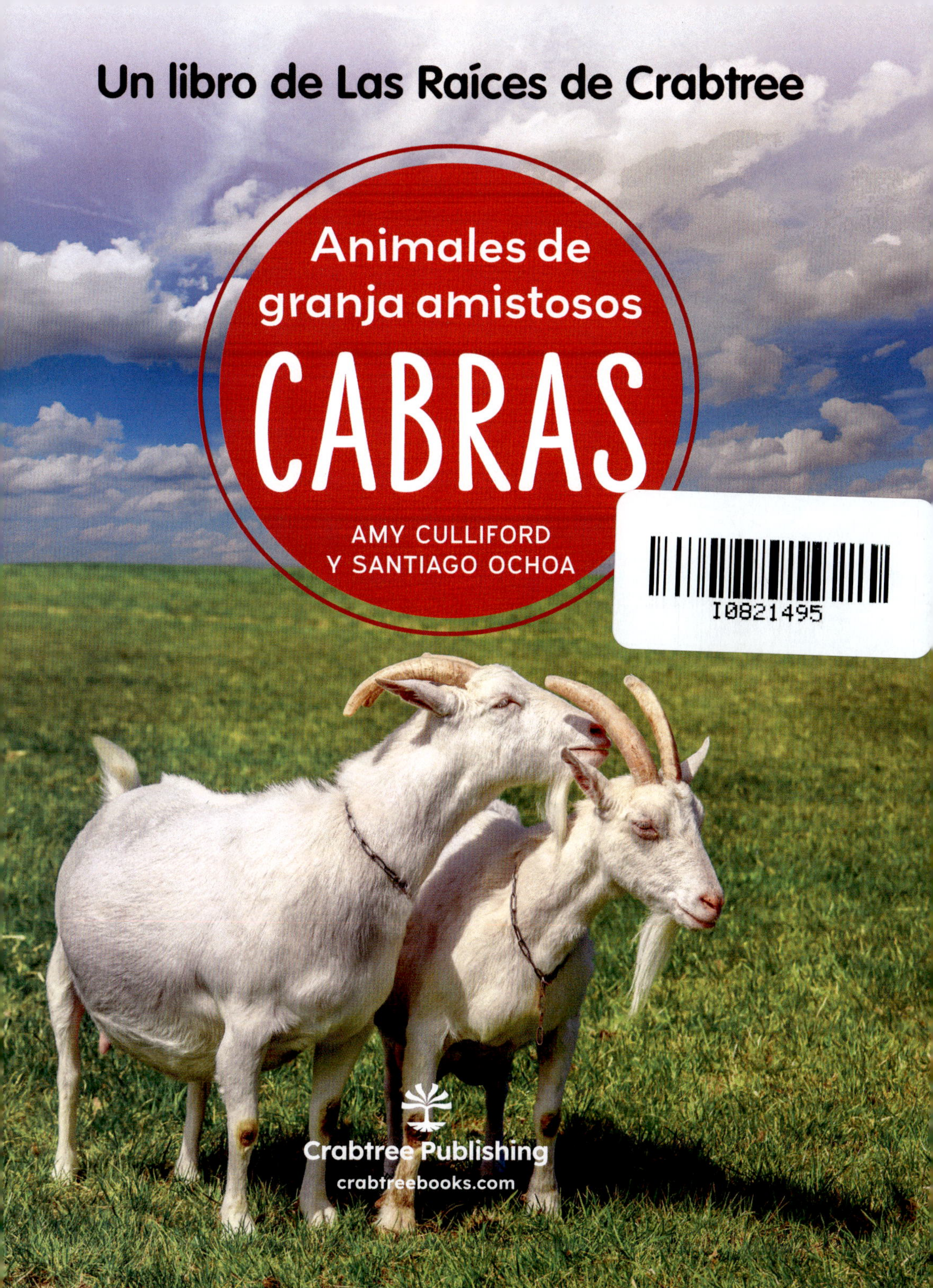
Un libro de Las Raíces de Crabtree
Animales de granja amistosos
CABRAS
AMY CULLIFORD
Y SANTIAGO OCHOA
I0821495
Crabtree Publishing
crabtreebooks.com

Apoyos de la escuela a los hogares para cuidadores y maestros

Este libro ayuda a los niños a crecer al permitirles practicar la lectura. Las siguientes son algunas preguntas de guía que ayudan a los lectores a construir sus habilidades de comprensión. Las posibles respuestas están en rojo.

Antes de leer:

- ¿De qué creo que trata este libro?
  - *Este libro trata sobre las cabras.*
  - *Este libro trata sobre las cabras en las granjas.*

- ¿Qué quiero aprender sobre este tema?
  - *Quiero aprender lo que comen las cabras.*
  - *Quiero aprender qué colores puede tener una cabra.*

Durante la lectura:

- Me pregunto por qué...
  - *Me pregunto por qué a las cabras les gusta comer heno.*
  - *Me pregunto por qué a las cabras les gusta saltar.*

- ¿Qué he aprendido hasta ahora?
  - *He aprendido que las cabras pueden ser de diferentes colores.*
  - *He aprendido que algunas cabras producen leche.*

Después de leer:

- ¿Qué detalles aprendí de este tema?
  - *He aprendido que las cabras pueden ser blancas o cafés.*
  - *He aprendido que a las cabras les gusta comer heno.*

- Lee el libro de nuevo y busca las palabras del vocabulario.
  - *Veo la palabra **heno** en la página 8 y la palabra **leche** en la página 10. Las demás palabras del vocabulario están en la página 14.*

Esta es una **cabra**.

Algunas cabras
son blancas.

Algunas cabras
son cafés.

A las cabras les gusta comer **heno**.

Algunas cabras
producen **leche**.

¡A todas las cabras
les gusta saltar!

Lista de palabras

Palabras de uso común

algunas
blancas
cafés
comer
es
esta
gusta
les
producen
saltar
son
todas
una

Palabras para aprender

cabra

heno

leche

30 palabras

Esta es una **cabra**.

Algunas cabras son blancas.

Algunas cabras son cafés.

A las cabras les gusta comer **heno**.

Algunas cabras producen **leche**.

¡A todas las cabras les gusta saltar!

Crabtree Publishing

crabtreebooks.com 800-387-7650

In Canada: We acknowledge the financial support of the Government of Canada through the Canada Book Fund for our publishing activities.

Hardcover	978-1-4271-3445-5
Paperback	978-1-4271-3281-9
Ebook (pdf)	978-1-4271-3287-1
Epub	978-1-4271-4584-0
Read-along	978-1-4271-3503-2
Audio book	978-1-4271-4583-3

Printed in Canada/082024/CPC20240821

Library and Archives Canada Cataloguing in Publication

Title: Cabras / Amy Culliford y Santiago Ochoa.
Other titles: Goats. Spanish
Names: Culliford, Amy, 1992- author. | Ochoa, Santiago, translator.
Description: Series statement: Animales de granja amistosos | Translation of: Goats. | Translated by Santiago Ochoa. | "Un libro de las raíces de Crabtree". | Text in Spanish.
Identifiers: Canadiana (print) 20200413961 | Canadiana (ebook) 2020041397X | ISBN 9781427134455 (hardcover) | ISBN 9781427132819 (softcover) | ISBN 9781427132871 (HTML)
Subjects: LCSH: Goats—Juvenile literature.
Classification: LCC SF383.35 .C8518 2021 | DDC j636.3/9—dc23

Published in Canada
Crabtree Publishing
616 Welland Avenue
St. Catharines, Ontario
L2M 5V6

Published in the United Stat
Crabtree Publishing
347 Fifth Avenue
Suite 1402-145
New York, NY 10016

Written by: Amy Culliford
Designed by: Rhea Wallace
Series Development: James Earley
Proofreader: Kathy Middleton
Educational Consultant: Christina Lemke M.Ed.
Spanish Adaptations: Santiago Ochoa
Spanish Proofreader: Base Tres

Photographs: Shutterstock: fs24: cover (tl); Nataliia Melnychuk: cover (tr); oorka: cover (b); 2xSamara.com: p. 1; Khort Esther Tatiana: p. 3, 14; Anton Havelaar: p. 4; Gelphi: p. 7; Janis Petranis: p. 9, 14; DenysR: p. 10-11, 14; Grigorita Ko: p.13

Library of Congress Cataloging-in-Publication Data

Names: Culliford, Amy, 1992- author.
Title: Cabras / Amy Culliford y Santiago Ochoa.
Other titles: Goats. Spanish
Description: New York, NY : Crabtree Publishing Company, [20 | Series: Animales de granja amistosos - un libro de las raí de Crabtree | Includes index. | Audience: Ages 4-6 | Audien Grades K-1 | Summary: "Early readers are introduced to g and life on a farm. Simple sentences accompany engagin pictures"-- Provided by publisher.
Identifiers: LCCN 2020055615 (print) | LCCN 2020055616 (ebook) | ISBN 9781427134455 (hardcover) | ISBN 9781427132819 (paperback) | ISBN 9781427132871 (ebook)
Subjects: LCSH: Goats--Juvenile literature. | Livestock--Juvenile lite
Classification: LCC SF383.35 .C8518 2021 (print) | LCC SF383.35 (e DDC 636.3/9--dc23
LC record available at https://lccn.loc.gov/2020055615
LC ebook record available at https://lccn.loc.gov/2020055616